DÉCRET

SUR LES MEMBRES

DES

COMMISSIONS MIXTES

—

OBSERVATIONS

PRÉSENTÉES

Par M. Ad. CRÉMIEUX

BORDEAUX

IMPRIMERIE G. GOUNOUILHOU

RUE CURSOL 11

—

1871

DÉCRET

SUR

LES MEMBRES DES COMMISSIONS MIXTES

28 janvier 1871,
promulgué le 30 janvier dans le *Moniteur universel*.

« L'ordre constitutionnel ne peut être troublé,
ni *les particuliers distraits de leurs juges natu-*
rels PAR AUCUNE COMMISSION. »

(Constitution de 1790.)

FORMATION DES COMMISSIONS MIXTES.

L'infâme coup d'État du 2 décembre venait d'éclater. Ainsi commençait l'Empire, qui devait finir à Sedan. Je ne veux citer ni les arrêts d'évocation, ni les délégations à des conseillers, ni le zèle ardent de certains juges d'instruction et de procureurs de la République; je me borne à dire que les prisons regorgeaient de victimes à la fin de janvier, qu'elles ne suffisaient plus au butin, et que les jugements réguliers devenaient impossibles. *Il fallut pourvoir.*

Abbatucci, ministre de la justice, fut l'inventeur des Commissions mixtes [1].

[1] Abbatucci, homme ferme et résolu, mais de manières fort douces. Pendant le règne de Louis-Philippe, président de chambre à la Cour royale d'Orléans, il donna des preuves de la plus loyale indépendance; député, il se plaça dans les rangs de notre opposition. En 1848, je le nommai conseiller à

1

Le **3** février, les procureurs généraux furent saisis d'une circulaire que je vais littéralement transcrire.

CIRCULAIRE.

« Paris, 3 février 1852.

» Monsieur le Procureur général,

» Animé du désir de mettre un terme aux difficultés qu'ont fait naître les nombreuses arrestations opérées à la suite des derniers troubles, et de voir la société délivrée des pernicieux éléments qui menaçaient de la dissoudre, le Gouvernement *veut* qu'il soit statué, *dans le plus bref délai possible, sur le sort de tous les individus compromis dans tous les mouvements insurrectionnels ou les tentatives de désordre qui ont eu lieu depuis le 2 décembre.*

» Déjà, par une circulaire du 29 janvier insérée au *Moniteur,* M. le Ministre de l'intérieur a donné l'ordre aux préfets de faire mettre sur-le-champ en liberté tous ceux des détenus qu'ils jugeraient *avoir été seulement égarés et pouvoir être relaxés sans danger pour la sécurité publique.*

» MM. les Préfets se seront sans doute empressés de répondre à cet égard *aux intentions du Prince Président,* et ceux qui ne l'auraient point fait encore, devront prescrire l'*élargissement immédiat* de tous les détenus susceptibles d'être mis en liberté, sans autre examen, et en rendre compte, dans le plus bref délai, aux ministres de la guerre et de l'intérieur.

» Après l'exécution de cette mesure, *il restera dans les prisons* un certain nombre d'individus plus ou moins compromis, *à l'égard desquels il convient également de prendre* une prompte détermination.

» Le Gouvernement a pensé que, *pour concilier à la fois les intérêts de la* JUSTICE, *de la* sureté générale *et de*

la Cour d'appel de Paris et, peu après, conseiller à la Cour de cassation. Un de ses fils était mon secrétaire; je lui donnai le poste de substitut près le tribunal de la Seine. Abbatucci me dit en 1852 : « Les Commissions mixtes » sont mon œuvre; voilà, j'espère, une bonne justice. » Abbatucci était pourtant un honnête homme, mais l'Empire !

l'HUMANITÉ, il ne pouvait mieux faire que de confier, dans chaque département, le JUGEMENT de ces inculpés à UNE SORTE DE TRIBUNAL MIXTE composé de fonctionnaires de divers ordres, assez rapprochés des lieux où les faits se sont passés pour en apprécier le véritable caractère, assez HAUT PLACÉS DANS LA HIÉRARCHIE pour comprendre l'importance d'une semblable mission, EN ACCEPTER RÉSOLUMENT LA RESPONSA-BILITÉ, et *offrir à la société comme aux particuliers* TOUTE GARANTIE D'INTELLIGENCE ET D'IMPARTIALITÉ.

» Afin de laisser à ces Commissions départementales une entière liberté d'appréciation, *toutes les autorités judiciaires, administratives ou militaires,* qui ont pu jusqu'ici être chargées d'informer sur les derniers événements, telles que *Commissions militaires, juges,* etc., *Commissions d'instruction,* etc., sont dès à présent *complètement dessaisies* et doivent cesser leurs opérations.

» Toutes les pièces de procédure, actes d'information, procès-verbaux et *autres documents recueillis* dans chaque département par ces diverses autorités, seront immédiate-ment envoyés à la *Préfecture* pour y être *centralisés et mis à la disposition de la Commission.*

» Voici maintenant comment sera composée et comment procédera cette Commission :

§ Ier.

» La Commission sera composée : au chef-lieu d'une division militaire, *du commandant de la division, du préfet et du pro-cureur général ou procureur de la République;* au chef-lieu de Cour d'appel qui ne sera pas chef-lieu d'une division mili-taire, *du préfet, du commandant militaire du département et du procureur général;* dans les autres départements, *du préfet, du commandant militaire et du procureur de la République du chef-lieu.*

§ II.

» La Commission ainsi composée se réunira à l'hôtel de la Préfecture. Là, elle COMPULSERA *tous les documents qui auront* été mis à sa disposition. soit par les parquets, soit par les Commissions militaires. SOIT PAR LES ADMINISTRATIONS CIVILES, et, après un mûr examen, elle prendra, à l'égard de CHAQUE INCULPÉ, une DÉCISION qui sera transcrite sur un registre avec les motifs à l'appui et signée des trois membres.

» Si, pour quelques inculpés, elle ne se trouvait pas suffisamment éclairée par les documents déjà recueillis, elle ordonnerait un supplément d'information qui pourrait être fait indistinctement par tout agent judiciaire, administratif ou militaire.

§ III.

» Les mesures qui pourront être appliquées suivant le degré de culpabilité, les ANTÉCÉDENTS POLITIQUES ET PRIVÉS, la position de famille des inculpés, sont les suivantes ·

» Le renvoi devant les conseils de guerre ;

» La transportation à Cayenne ;

» La transportation en Algérie ; (deux classes, exprimées par ces mots : PLUS, MOINS).

» L'expulsion de France ;

» L'éloignement momentané du territoire ;

» L'internement, c'est à dire l'obligation de résider dans une localité déterminée ;

» Le renvoi en police correctionnelle ;

» La mise sous la surveillance du ministère de la police générale ;

» La mise en liberté.

» Toutefois, la Commission ne renverra devant les conseils de guerre que les individus CONVAINCUS de meurtre ou de tentative de meurtre, et ne prononcera la transportation à Cayenne que CONTRE CEUX DES INCULPÉS QUI SERONT REPRIS DE JUSTICE.

» Dans les départements qui n'ont pas été déclarés en état de siége, la transportation à Cayenne sera prononcée contre les individus de la première catégorie MÊME NON REPRIS DE JUSTICE.

§ IV.

» Aussitôt que les délibérations seront closes, un état des affaires sur lesquelles il aura été définitivement statué sera dressé en triple expédition et envoyé aux ministères de la justice, de l'intérieur et de la guerre.

» Cet état contiendra : 1° les noms et prénoms, lieu de naissance et de domicile des inculpés ; 2° la décision prise à l'égard de chacun d'eux ; 3° dans la colonne d'observations, un résumé succinct de la délibération et particulièrement les motifs qui auront déterminé la Commission à placer l'inculpé dans la catégorie indiquée par la décision, de manière à ce que le Gouvernement puisse juger du mérite des classifications.

§ V.

» Les présentes instructions ont été délibérées en commun par les ministres de *la justice, de l'intérieur et de la guerre* ; elles doivent donc être exécutées de concert par les fonctionnaires désignés qui dépendent des trois départements. Ces fonctionnaires auront à se pénétrer de la double pensée qui les a dictées : ACCORD ENTRE TOUTES LES AUTORITÉS POUR CONCOURIR A UNE GRANDE MESURE DE JUSTICE ET DE SURETÉ GÉNÉRALE ; CÉLÉRITÉ DANS LES DÉCISIONS A PRENDRE, *afin de faire cesser au plus tôt une situation qui ne peut se prolonger davantage.*

» Le Gouvernement compte assez sur la HAUTE INTELLIGENCE et le DÉVOUEMENT des membres qui composeront les Commissions pour être convaincu qu'ils marcheront ensemble DANS UNE PARFAITE ENTENTE et avec TOUTE L'ACTIVITÉ dont ils sont capables vers *le but qu'il s'agit d'atteindre* DANS LE PLUS COURT DÉLAI. Le Gouvernement désire que tout le travail soit *terminé et le sort des inculpés fixé au plus tard à* LA FIN DU MOIS DE FÉVRIER.

§ VI.

» Ces instructions ne sont pas applicables aux départements qui composent la 1re division militaire.

» Pour les autres départements, elles remplaceront toutes celles qui auraient pu être adressées jusqu'ici, relativement au même objet, aux chefs de la justice, de l'administration et de l'armée, et qui seront considérées dès lors comme non avenues.

» Recevez, Monsieur le Procureur général, l'assurance de notre considération très-distinguée.

> » *Le Garde des Sceaux, Ministre de la Justice,*
> » Signé : ABBATUCCI.

> » *Le Ministre de la Guerre,*
> » Signé : A. DE SAINT-ARNAUD.

> » *Le Ministre de l'Intérieur.*
> » Signé : F. DE PERSIGNY. »

ŒUVRE DES COMMISSIONS MIXTES.

Les Commissions mixtes comprirent merveilleusement le double but qu'elles devaient atteindre. En trois semaines, leur œuvre fut consommée. Et quelle œuvre, grand Dieu ! *Surveillance, internement, éloignement du territoire, expulsion de France, Algérie moins, Algérie plus, transportation à Cayenne,* rien n'a manqué à ces atroces décisions, *auxquelles des magistrats ont consenti à s'associer.*

Les sentences étaient prononcées. Un décret du 5-31 mars les sanctionna, et, dans la barbarie de leur exécution, le Gouvernement dépassa la barbarie des juges. Aux peines si libéralement, si cruellement prononcées par les Commissions mixtes, il ajouta des peines nouvelles contre le condamné qui n'exécuterait pas la condamnation ou qui s'y déroberait : l'expulsion du territoire contre celui qui, interné dans une ville de France, la quitterait sans autorisation; la transportation dans la Guyane française, par mesure administrative, contre le malheureux qui, transporté en Algérie. quitterait, sans autorisation, sa résidence obligée.

En Algérie, les transportés furent soumis au travail obligatoire comme des forçats. Le colonel Bazaine et quelques autres prétoriens furent chargés de leur imposer ce régime: et, pour les contraindre à le subir, un décret du 31 mai, 18 juin 1852, vint combler la mesure. Le décret ordonna que les transportés qui se refuseraient au travail et à l'obeissance, et contre lesquels tous les moyens ordinaires de répression disciplinaire auraient été épuisés, fussent conduits à Cayenne.

Voilà comment les Commissions mixtes furent fondées, comment elles procédèrent, comment *leurs décisions sur chaque inculpé, rendues dans le plus bref délai possible* [1], furent accueillies par le gouvernement impérial. Et des magistrats, oui, des magistrats se sont mis en tiers dans ces réunions maudites! Le tiers de la responsabilite *qu'ils ont résolument acceptée* [2] retombe sur eux et les écrase de son poids honteux et redoutable. Vous savez quelles condamnations les Commissions mixtes ont prononcées; mais le nombre, vous ne le savez pas. Le nombre de ces condamnations, écrites. avec la signature des commissaires au pied de chaque décision, s'élève à plus de quarante mille [3]! Laissez-

[1] Expression de la circulaire du 3 fevrier 1852.
[2] Expression de la circulaire du 3 fevrier 1852.
[3] Certains documents les portent à un chiffre bien plus considérable.

moi transcrire quelques passages des lettres officielles qui m'ont été adressées :

« Dans le département des Pyrénées-Orientales, plus de
» douze cents personnes ont été frappées.» (Lettre du préfet.)
« Plus de trois mille personnes ont été déportées dans le
» ressort d'Aix. » (Lettre du procureur général.)
« Il me serait plus facile de vous faire connaître le nom
» des personnes qui, dans mon département, n'ont pas été
» frappées au 2 décembre, que les noms de celles qui ont été
» atteintes. Les Basses-Pyrénées ont été transportées en
» masse à cette triste époque. » (Dépêche du préfet.) [1].

Je m'arrête, en me demandant si jamais, dans l'histoire de notre magistrature française, rien de semblable s'était vu ! Nos magistrats qui, dans tous les temps, ont flétri les commissaires !

Et qui donc étaient les coupables, ainsi frappés en masse ?

Pas un d'eux, entendez-le bien, pas un n'avait commis un crime ; pas un même n'avait commis un délit ! Si, à un certain nombre, on pouvait dire : Vous vous êtes levés en armes, tous pouvaient répondre : Oui, contre le criminel qui violait la constitution, qui foulait aux pieds les lois, qui, coupable et parjure, anéantissait la République ! Mais on ne les a pas même interrogés, et malgré toutes les fables imprimées et tous les récits merveilleux des batailles contre les insurgés de 1852, l'Europe sait qu'aucune résistance vraiment sérieuse n'a eu lieu sur aucun point.

Et qui donc étaient ces condamnés si nombreux ? Ils

[1] Le grand pourvoyeur de ce département, procureur de la République, est mort premier président d'une Cour impériale.

appartenaient à toutes les conditions, à tous les âges ; aux citoyens les plus importants des villes, aux représentants du peuple, aux magistrats inamovibles, aux magistrats des parquets, aux fonctionnaires publics, aux médecins, aux avocats, aux avoués, aux notaires, aux greffiers, aux huissiers, aux commerçants, aux ouvriers, étaient mêlés des villageois, d'humbles travailleurs des campagnes ; tous serviteurs dévoués de la loi, tous redoutés du Gouvernement, même dans leur prison, d'où la nuit ils étaient enlevés rapidement et sans bruit !

Écoutez le Préfet de l'Eure, s'applaudissant d'avoir achevé l'œuvre de proscription, dans les ténèbres, si favorables à de telles entreprises :

Lettre du Préfet de l'Eure au Ministre de l'Intérieur.

« 8 Mars 1852.

» Hier, vers trois heures de l'après-midi, M. le major » Drouhot, commandant l'état de siége à Evreux, est venu » me communiquer une lettre de M. le général commandant » la 2e division, qui, par ordre de M. le Ministre de la guerre, » enjoignait de faire partir le jour même, et de diriger sur » Vernon les nommés Houillier, Martin de la Rivière, Imbert, » Morteil, Soyer et Bouquet, désignés par la Commission dé- » partementale de l'Eure pour être transportés en Algérie.

» Sur le champ, et comme cela était demandé, j'ai fait » établir au moyen du registre des délibérations de la Com- » mission départementale de l'Eure, les notices individuelles » de chacun de ces prévenus.

» Les transportés sont partis de la maison d'arrêt d'Evreux » à neuf heures du soir, et sont arrivés à l'embarcadère du » chemin de fer de Vernon à une heure de la nuit, pour être » dirigés, suivant l'ordre donné, sur le port du Havre d'où ils » feront voile jusqu'à destination.

» Tout s'est passé dans le plus profond silence, avec la
» tranquillité la plus parfaite et sans éveiller l'attention du
» public ; c'est tout au plus si aujourd'hui quelques personnes
» sont informées de ce départ. »

Oui, le silence au départ se faisait dans les villes,
dans les campagnes. Et qui dira le désespoir dans les
familles privées de tous leurs soutiens? Ne croyez pas
que les femmes elles-mêmes fussent à l'abri de ces lâches
persécutions! Dans un seul département, plus de deux
cents ont été condamnées. Et combien ont suivi l'époux,
le père qu'on leur enlevait! La mort aussi a fait le
silence dans les rangs si pressés des proscrits. Plus de
huit mille n'ont pas revu leurs foyers.

Le croira-t-on? Sur quarante mille condamnés, *pas un
n'a paru devant ses juges*. Ai-je dit ses juges? Pas un n'a
paru devant ses bourreaux. Et *des magistrats* ont condamné des accusés sans les entendre, sans les voir, sans
les connaître, sans entendre les témoins, sans confron-
tation, sur des pièces secrètes, sur des rapports de
police, sur le bruit fait par les délations! Est-ce bien
vrai? *Des magistrats!* Mais ces gardiens de la loi avaient
donc brisé les tables de la loi? Quoi! en 1852, soixante
ans après la création de notre procédure criminelle, le
témoignage devant l'accusé. les magistrats l'abolissent?
L'interrogatoire de l'accusé, les magistrats l'abolissent?
Le débat public, les magistrats l'abolissent? C'est dans
le cabinet du préfet que trois hommes, tous trois fonctionnaires, *aussi intelligents que dévoués* (¹), prononcent

---

(¹) Expression de la circulaire du 3 février 1852.

en secret, mystérieusement, tout seuls. toutes ces odieuses condamnations qui restent sans recours possible! Et chacun de ces tribunaux sans nom, qu'on appela *mixtes,* comptait *un magistrat* dans ces trois hommes. qui tranchaient ainsi l'existence morale et l'existence physique des condamnés, qui jetaient dans la ruine tant d'honorables maisons, qui jetaient dans le désespoir tant de familles innocentes. Et quand un décret. venu après dix-huit ans, se borne à exclure de leur siége ces juges qui, tous, se sont élevés sur ce sanglant piédestal; quand ce décret, relevant la majesté de la justice. les met en dehors des rangs purifiés de la magistrature française, on entend, du sein de quelques tribunaux, des protestations et des plaintes qui montent jusqu'à l'Assemblée nationale! Au lieu d'applaudir, ils accusent! Que dis-je? Ceux qui ont prononcé, il y a dix-huit ans, ces odieuses sentences et qui, en les étalant devant celui qui les leur ordonna. ont atteint les plus hautes fonctions de la magistrature, ceux-là élèvent la voix et demandent réparation! Oui, nous en sommes réduits à ce degré d'avilissement. Comment! quand on vous a chargés de proscrire, vous avez accepté cette abominable mission, et quand, après dix-huit ans de récompenses reçues, vous êtes renvoyés, sans autre punition que de vous retirer de ces sieges flétris auxquels notre décret va rendre l'honneur, vous osez invoquer le privilége de l'inamovibilité. vous qui. en 1852, avez proscrit Delord inamovible, Clerc Lassalle inamovible, Bellot des Minières inamovible. Célerier inamovible!

Les Commissions mixtes se survécurent longtemps à elles-mêmes. Le général Lespinasse vint se retremper, six ans plus tard, dans leurs décisions. L'empire s'était trop bien trouvé des proscriptions qu'elles avaient prononcées pour ne pas les renouveler. Il accordait des grâces et proclamait une amnistie; mais le duc de Padoue, le duc de Persigny et le général Lespinasse renouvelaient tour à tour 1852, et cette fois c'est aux préfets qu'on adressait l'effrayante circulaire dont voici le texte :

Très confidentielle et pour le préfet seul.

« Aussitôt après la réception de cette lettre, vous établirez
» une liste de tous les hommes dangereux, quelles que soient
» leurs opinions ou leur position sociale.

» Après avoir étudié avec soin cette liste, vous y désignerez
» les hommes qui, ayant une valeur quelconque, soit pour la
» délibération, soit pour l'action, pourraient, à un moment
» donné, se faire le centre d'une résistance ou se mettre à la
» tête d'une insurrection.

» Vous formulerez personnellement, et vous signerez des
» mandats d'arrêt pour chacun des hommes annotés par vous
» sur votre liste, afin que, au premier ordre qui vous serait
» donné, leur arrestation soit opérée simultanément et sans
» perdre une minute.

» Vous me donnerez communication de la liste dressée par
» vous.

» Tous les mois, vous réviserez cette liste, ainsi que les
» mandats d'arrêt qui s'y rapportent. »

La Circulaire était accompagnée des instructions suivantes :

« 1º Les listes comprendront tous les hommes dangereux,
» RÉPUBLICAINS, ORLÉANISTES, LÉGITIMISTES, par catégorie d'o-
» pinions.

» ....
» ....
» 5° Les préfets, dans leurs réunions, détermineront le
» mode qui sera employé pour faire opérer, *sans perte de*
» *temps,* les arrestations dans les divers arrondissements.
» 6° Prévoir, pour chaque département, les lieux où seraient
» transportées les personnes arrêtées. »

En se conformant à ces instructions, les préfets dres-
sèrent de nouvelles listes de citoyens destinés à de
nouvelles proscriptions. On y voit confondus les hommes
de toutes les opinions, de tous les partis, tous soupçon-
nés de ne pas aimer l'Empire. C'est ainsi que des Commissions mixtes, qui avaient si bien servi l'Empire à sa
naissance, donnaient au chef de l'État la pensée d'em-
ployer de nouveau ses préfets et sa police à le délivrer
de ses ennemis politiques. Les magistrats s'étaient
montrés serviles; les préfets, qui avaient fait avec eux
la campagne des Commissions mixtes. n'avaient plus
qu'à rappeler leurs souvenirs. Hélas! tout se précipitait
alors dans la servitude. et la loi elle-même venait, en
1858, pour protéger la sûreté générale, consacrer le
règne de l'arbitraire et des proscriptions.

Si, en présence de ce que je viens de retracer, nous
jetons un rapide coup d'œil sur les décisions elles-
mêmes, nous aurons un tableau vraiment désespérant.
Voulez-vous apprendre pourquoi l'on était transporté à
Cayénne, en Algérie; pourquoi on était expulsé de
France ou interné?
Voici des sentences qui vous envoyaient en Algérie

PLUS, c'est à dire aux travaux les plus pénibles imposés
à ces malheureux exilés :

ALGÉRIE *plus :* ... Chef organisateur de sociétés secrètes,
tenant des réunions chez lui.

... Un des chefs de la société secrète ; *devait
être* un des capitaines des insurgés ; très
dangereux.

... Chef et organisateur de la société secrète,
à Bourg-du-Péage.

... Chef et organisateur des sociétés secrètes,
a perverti la ville de Crest.

. . Organisateur des sociétés secrètes, agi-
tateur très dangereux ; propos subver-
sifs.

... Chef d'une société secrète, socialiste ardent,
donne du travail à ses acolytes.

... Organisateur de sociétés secrètes, agent
actif, propagateur, dangereux *A passé
la journée du 4 décembre avec Combier,
représentant du peuple.*

.. Président d'une société secrète. exalté,
très influent.

... Organisateur très dangereux de sociétés
secrètes.

... Un des principaux chefs des sociétés secrètes ; affiliation ; *s'est enfui*

... Meneur subalterne, dangereux, sans mo-
ralité.

... Exalté, meneur subalterne, réunion chez
lui.

... Affilié aux sociétés secrètes, tenant des
réunions chez lui.

... Affilié des sociétés secrètes, dangereux,
présent à toutes les émeutes

... Affilié aux sociétés secrètes, exalté, très
actif, très dangereux.

... Affilié des sociétés secrètes, *a dénié ses aveux avec impudence,* perverti.

... A menacé le maire de sa commune en l'appelant *blanc;* violent.

. . Membre de sociétés secrètes, exalté, dangereux.

Voyons, maintenant, pourquoi l'on était expulsé de France :

EXPULSÉS : ... Organisait le mouvement, idées révolution naires et subversives, très dangereux.

... Chef et organisateur de sociétés secrètes, *avait des relations avec Montélimart, et s'y trouvait le jour de l'émeute.*

... Propagandiste actif, *dangereux par son influence.*

... Pervertit la population

... Socialiste incorrigible.

... Socialiste.

... Rébellion.

Voici les motifs de l'internement :

INTERNÉS : ... Membre très actif du parti socialiste, dangereux.

... *Il a eu des rapports avec la famille Carnot*

... IL N'ÉTAIT PAS AVEC L'ÉMEUTE, C'EST QU'IL ÉTAIT EN PRISON (pour délit de presse); *s'il eût été libre, on l'aurait vu en tête du désordre.*

... Parti armé d'un bâton, quoique conseiller municipal

... Trésorier d'une société secrète.

... Mauvais renseignements politiques.

Terminons en citant quelques décisions relatives aux transportés à Cayenne.

Citons-en quinze :

J'en trouve d'abord trois, rendues contre trois *con-*
damnés contumaces à mort, par le Conseil de guerre de
Lyon. La Commission les reprend en sous-œuvre.

Voici la Notice sur chacun d'eux, la même pour tous
trois :

« *Condamné contumace à mort par le Conseil de guerre,* pour
» avoir fait feu sur les gendarmes; rentré clandestinement
» dans sa commune, organise l'insurrection et force de mar-
» cher avec menaces et cris. »

La Commission en a renvoyé un assez grand nombre
au Conseil de guerre; elle se réserve pourtant ces trois-
là et les transporte à Cayenne.

Un *quatrième,* transporté à Cayenne, a été condamné
deux fois pour *vol et rébellion;* violent, *vivant de rapine.*

Un *cinquième* a distribué des munitions de guerre.

Voilà les grands coupables! Et souvenez-vous qu'aucun d'eux n'est admis à se défendre, à s'expliquer, à
comparaître. L'accusation n'a pas un contradicteur!
Maintenant, demandons au procès-verbal les crimes des
dix autres.

Chef du mouvement, }
Chef du mouvement, } 2 chefs du mouvement.
Insurgé, }
Insurgé, } 3 insurgés.
Insurgé, }
Socialiste, }
Socialiste, }
Socialiste, } 4 socialistes.
Socialiste, }
Secrétaire d'une société secrète!

Le trésorier est interné, le secrétaire est transporté
à Cayenne !

Assez. La rougeur couvre le visage, l'indignation
soulève la conscience.

Ils étaient magistrats, ils se sont faits commissaires.

Commissaires, ils ont jugé sans entendre, sans voir
ceux qu'ils ont condamnés.

Ils ont inventé des peines contre des pères de famille
sans reproche et bons citoyens ; ils ont inventé l'internement et l'exil, leur enlevant le foyer domestique et
la patrie, et ils ont envoyé huit mille innocents à la
mort, en Algérie. à Cayenne•ou à la Guyane.

Tenez, écoutez ce fait : DIGEON était bâtonnier de
l'ordre des avocats à Montpellier. C'était le savoir et
la probité, les vertus de famille et l'honneur du barreau ; lui et son fils étaient, sans le savoir, condamnés
à l'exil en Algérie. Comment ils furent enlevés, transportés ; comment ils s'échappèrent, lisez :

Nous sommes en 1853 ; je plaide, devant la Cour impériale de Montpellier, une cause importante. La salle
d'audience est comble ; le Préfet, M. Gavini, est présent.
Une consultation signée par DIGEON m'est remise, et je
m'écrie en lisant ce nom : « Est-ce votre bâtonnier ?
Est-ce lui que des gendarmes ont arrêté en pleine rue ?
Est-ce lui qu'ils ont souillé par des menottes ? Est-ce lui
dont ils ont arrêté le fils ? Est-ce bien à son bras qu'avec
une chaîne de fer ils ont attaché le bras de ce fils ?
Est-ce cet avocat, votre orgueil ? Est-ce lui qu'ils ont
traîné à pied jusqu'à Cette avec son enfant ? Est-ce lui
qu'ils ont embarqué, et qui, conduit en Afrique, a été

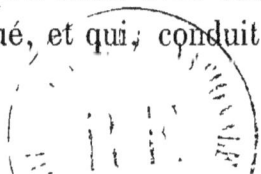

soumis, par les ardeurs du soleil brûlant, à broyer des pierres sur la grand'route? Dieu l'a protégé : il s'est échappé, à travers mille périls, sur un frêle esquif; il arrive en Espagne; il est à Valence, et toute sa famille l'entoure! Et savez-vous la vie de ce grand conspirateur, de ce républicain farouche? Il vit au milieu des siens, et, le soir. une lecture morale ou pieuse, faite par le chef de la famille, est écoutée en silence : tantôt c'est un chapitre de la *Bible,* tantôt c'est un chapitre de l'*Imitation de Jésus-Christ.* Et vous le laissez dans l'exil! Et le ministre, qui fut mon ami, ne lui tend pas la main! Ah! ce cri que je pousse et que chacun entend. il parviendra, je l'espère, aux régions supérieures; quelqu'un de cet auditoire le fera parvenir, et DIGEON vous sera rendu! »

Et le barreau de m'entourer. et la Cour de me témoigner ses sympathies : et le soir, tous les avocats réunis en banquet, le bâtonnier portant ce toast, dont les paroles ne s'effaceront jamais de ma mémoire : « A Digeon, notre cher confrère; à son retour. réclamé d'une manière si touchante par notre illustre confrère; à vous, notre ami, à vous et toute notre reconnaissance et tous nos remerciments! Non, nous ne pourrons jamais oublier cette belle audience. »

Et Digeon ne fut pas rappelé; il est mort! *Et son fils est venu à Bordeaux me demander réparation.*

Finissons.

La Délégation a voulu flétrir à jamais de pareils actes

commis par des magistrats. Elle a rendu son décret en ces termes :

LA DÉLÉGATION DU GOUVERNEMENT DE LA DÉFENSE NATIONALE,

Considérant qu'en 1852, après l'attentat du 2 décembre, quand un pouvoir usurpateur, violant toutes les lois, brisant l'assemblée des représentants du peuple, anéantissait la Constitution républicaine, il s'est trouvé dans l'ordre judiciaire, c'est à dire dans les rangs des gardiens de la loi, des hommes qui ont associé leurs noms aux odieuses persécutions du tyran et l'ont aidé à proscrire les ennemis de son usurpation, les amis de la République ;

Considérant que ces hommes ont accepté, eux magistrats, eux la justice, de faire partie de commissions politiques, c'est à dire de participer à l'abolition de toute justice ; qu'en effet, ils ont prononcé des condamnations contre des citoyens sans les entendre, sans les appeler ; ils ont inventé contre eux des peines qui n'existent pas dans nos lois, telles que l'exil et l'internement ; ils ont même condamné à être transportés à Cayenne une innombrable quantité d'hommes irréprochables ;

Considérant qu'ils ont ainsi voué à la ruine et à la mort un nombre considérable de citoyens, amis inébranlables de la patrie, et réduit leurs familles à la misère et au désespoir ;

Considérant qu'aucun crime ni aucun délit n'avait été commis par ces victimes d'une impitoyable colère, que les plus coupables étaient ceux qui s'étaient levés pour défendre ou venger la Constitution mise sous leur garde, et que le plus grand nombre a été condamné, non pour des actes, mais pour des opinions républicaines ;

Considérant que notre première révolution, fondée sur le droit et la loi, proclamait en 1790 que *les citoyens ne peuvent être distraits de leurs juges naturels par aucune commission ;* que la République de 1870, fondée sur le droit et la loi, doit, par un exemple mémorable, rappeler ce principe protecteur et relever la majesté de la justice.

Décrète :

Sont déchus de leurs siéges et exclus de la magistrature :

Devienne, premier président de la cour de cassation ;

Raoul Duval, premier président de la cour de Bordeaux ;

De Bigorie de Laschamps, premier président de la cour d'appel de Colmar ;

Massot, premier président de la cour d'appel de Rouen ;

Legentil, conseiller à la cour d'appel de Rouen ;

Vincendon, conseiller à la cour de Grenoble ;

Dubois, conseiller à la cour de Lyon ;

Dupuy, président du tribunal de Brest ;

Villeneuve, conseiller à la cour d'appel de Toulouse ;

Lesueur de Pérès. conseiller à la cour d'appel d'Agen ;

Payan Dumoulin, conseiller à la cour d'Aix ;

Jeannez, conseiller à la cour d'appel de Besançon ;

Chaudreau, président du tribunal de la Rochelle (¹).

Fait à Bordeaux, le 28 janvier 1871.

Le garde des sceaux, ministre de la justice,

Ad. Crémieux.

Léon Gambetta, Glais-Bizoin, L. Fourichon.

Une double attaque s'est élevée contre ce décret :

1° Le Gouvernement de la défense nationale était sans pouvoirs pour rendre une pareille décision ;

2° L'inamovibilité des magistrats a été illégalement violée.

1° A la première attaque nous répondons :

Un décret dictatorial créa les Commissions mixtes ;

Un décret dictatorial les a flétries.

(¹) Quelques-uns suffisaient pour l'exemple. Des explications avaient été demandées à tous. Même devant le fait établi, nous ne voulions pas frapper sans entendre.

Un décret dictatorial appela dans les Commissions mixtes des magistrats qui acceptèrent la fonction de commissaires ;

Un décret dictatorial exclut de leurs siéges et déclare indignes de faire partie de la magistrature française les magistrats qui ont accepté cette mission.

Le premier décret a été rendu par le despote, fléau de la patrie qu'il plonge dans l'abîme ;

Le second décret est rendu par les hommes qui n'ont pas désespéré de la patrie, qui ont relevé l'honneur de ses armes, pendant que l'héroïsme de Paris attirait l'admiration du monde entier.

La *défense nationale* est dans la conservation de la morale publique, où se fortifient les caractères et les patriotiques vertus.

Le décret qui flétrit les magistrats-commissaires protégera dans l'avenir la vie, la liberté, la sécurité des citoyens, en leur assurant, même dans les temps les plus agités, le bienfait d'une justice régulière.

C'est faire assurément un grand acte de *défense nationale* que de poser dans un décret ce principe éternel : « La justice, c'est la protection de la société ; — violer » les saintes lois de la justice, c'est enlever à la nation » tout entière le *palladium* qui la protége. »

Le Gouvernement de la Défense nationale avait tous les pouvoirs. Qui donc les lui avait mesurés? Qui donc les lui a contestés? La Délégation a exercé, sans rencontrer de résistance, le pouvoir exécutif, le pouvoir législatif, la dictature suprême dans sa plus large étendue : les emprunts, la levée des impôts, la levée des

hommes, elle a tout ordonné, tout prescrit, et l'obéis-
sance a suivi ses lois. Chacun savait qu'elle ne voulait
cette dictature que dans l'intérêt de la patrie ; qu'elle
n'aspirait qu'à la déposer aux mains de l'Assemblée ;
*qu'elle avait voulu réunir cette Assemblée dès le premier
mois* (¹), tandis que l'usurpateur du 2 décembre ne
s'était emparé de sa dictature que pour étouffer la
liberté et se perpetuer au pouvoir dans l'Empire.

L'histoire, — et l'Assemblée nationale commence
pour nous l'histoire, — l'histoire jugera si nous avons
bien rempli nos devoirs ; mais nul ne peut nous contester.
après que nous l'avons abdiqué dans le sein de l'Assemblée, qui représente la nation, ce pouvoir sans limites
dont nous ne devions compte qu'à la nation, et que
nous avons exercé selon les inspirations que nous dic-
tait l'amour de la patrie.

Ce ne sera certes pas un des traits les moins curieux
de notre temps, que la révolte de quelques hommes
contre un décret réparateur de la morale publique,
quand la servilité s'était inclinée à genoux devant le
décret destructeur de toutes les garanties des citoyens !

Deuxième attaque contre le décret.

2° *L'inamovibilité a été illégalement violée.*

Mais les magistrats membres des Commissions mixtes
ont frappé M. Célerier, juge inamovible ; M. Bellot des

(¹) La Délégation avait convoqué les électeurs pour le 16 octobre. Quelques
jours plus tard, ses pouvoirs auraient été deposes au sein de l'Assemblee
nationale.

Minières, juge inamovible ; M. Delord. juge inamovible ; M. Clerc Lassalle, vice-président inamovible ; et ils les ont frappés sans les entendre ; et M. Clerc Lassalle a été condamné avec un *considérant* qui déclare que l'*inamovibilité ne saurait être un refuge !*

Et, pourtant, les magistrats commissaires qui ont ainsi frappé leurs collègues, magistrats inamovibles, invoquent et font invoquer pour eux. aujourd'hui, l'inamovibilité !

Quelques mots, seulement. sur l'inamovibilité *comme principe.*

Il n'est pas un gouvernement qui ne l'ait ou attaqué ou discuté.

Sans parler du célèbre édit de Rouen du 24 juillet 1458, qui enlevait tout office de judicature à ceux de nos sujets qui ne professaient pas la sainte religion catholique, apostolique et romaine, je me borne à rappeler les ordonnances de Louis XVIII, abrogées par le décret de Napoléon ; ce décret abrogé par une nouvelle ordonnance ; la Restauration installant une magistrature purifiée ; le débat qui s'éleva en 1830. Alors inscrite dans la Charte, l'inamovibilité fut abolie par le décret du 17 avril 1848, et rétablie enfin, après la Constitution de novembre, par la loi du 10 août 1849.

Laissez-moi dire en passant que ce décret dictatorial du 17 avril 1848 fut respecté par le pouvoir législatif, par les arrêts du Conseil d'État, aussi bien que par le pouvoir exécutif ; et comme le Garde des sceaux avait, en vertu de ce décret, prononcé des suspensions contre des magistrats inamovibles, les suspensions ne furent levées qu'après la loi de 1849, seize mois après le jour où elles avaient été prononcées.

Le deux-décembre pervertit toutes les idées de justice. Les Commissions mixtes furent son plus détestable produit. Comment elles traitèrent les magistrats inamovibles, on l'a vu : on comprendra mieux leur pensée quand on aura lu l'opinion emise par M. Devienne, alors procureur général à Bordeaux, membre d'une Commission mixte signalée entre toutes, et qui, élevé de ce piédestal jusqu'à la première magistrature de France et décoré des honneurs du Sénat, prête à l'opinion qu'il a émise toute l'autorité de sa magnifique position, si bien acquise.

M. Célerier, juge, avait été frappé d'ostracisme par la Commission mixte. Il avait été enlevé de son siége inamovible et conduit à la frontière pour l'exil. On veut plus tard le destituer, et le Garde des sceaux consulte l'ex-Commissaire procureur général. Voici sa doctrine admirablement exposée :

« L'inamovibilité est un principe fort respectable, qui l'est
» spécialement pour un magistrat. Mais la *propriété*, mais la
» *liberté légale, qui sont des* DROITS INCONTESTABLEMENT PLUS
» IMPORTANTS, ont été atteints par des mesures qu'un change-
» ment de gouvernement, ou pour mieux dire, le rétablissement
» d'un gouvernement a rendues nécessaires. *Le décret dicta-*
» *torial qui a banni un juge lui a légalement enlevé ses fonc-*
» *tions,* et, pour reconnaître que celui auquel la fonction a
» été enlevée est resté magistrat, il faudrait reconnaître l'in-
» constitutionnalité ou le vice du décret qui l'a frappé.
» Il me semble donc que l'*inamovibilité* a été *détruite par le*
» *décret dictatorial* qui a expulsé le juge du territoire. »

C'est merveilleux de clarté, de justesse. On a

expulsé du territoire le juge inamovible ; adieu l'inamovibilité. Le décret dictatorial qui ordonne l'expulsion l'a
détruite, *il a légalement enlevé ses fonctions au juge inamovible.*

Malheureusement, le décret du 28 janvier n'a expulsé
aucun des juges qu'il fait descendre de leur siége. C'est
la différence entre la dictature violatrice de tous les
droits, et la dictature vengeresse de la morale publique.
L'une frappe l'innocent par la spoliation, l'autre atteint
le coupable par la flétrissure ; et la conséquence arrive
d'elle-même : le juge commissaire deviendra conseiller,
président de tribunal, premier président, sénateur : la
servilité du magistrat lui a ouvert le chemin des fonctions et des honneurs : *c'est la dictature de l'immoralité.*
Le juge commissaire, élevé au faîte, en descendra :
c'est la dictature morale

Et dirons-nous maintenant pourquoi les commissaires
qui ont fait si bon marché de l'inamovibilité dans leurs
sentences de proscription contre leurs collègues inamovibles, sont aujourd'hui si pleins de respect *sur ce principe?* C'est que ceux d'entre eux que la mort n'a pas
frappés ou que la retraite n'est pas venue saisir, dans
cette longue suite d'années si heureuses pour eux, si
douloureuses ou si mortelles pour tant d'innocents et
pour tant de familles anéanties sous leurs coups .
nous les retrouvons tous inamovibles. Dès lors, l'inamovibilité, c'est le pavillon protecteur pour eux, couvrant
cette honteuse marchandise qui s'appelle l'internement,
l'exil, la transportation. la mort. Est-ce qu'on a voulu
par l'inamovibilité les dérober à l'inévitable punition

que Dieu leur réservait et qu'il a remise dans nos
mains pour qu'elle éclatât, inattendue, morale, reli-
gieuse ? L'inamovibilité ! Qui donc l'a respectée plus
que le Garde des sceaux, si vivement attaqué par
vous? Quand, en 1848, elle était chaque jour mise
en péril, il l'a maintenue jusqu'à la veille de la réunion
de l'Assemblée constituante; et quand elle succomba par
un décret, il ne voulut prononcer aucune destitution.
Depuis le 4 septembre, quand de toutes parts se sont
élevées des plaintes formidables contre la magistrature,
dont le gouvernement d'immoralité qui finit dans la
honte avait voulu faire un instrument politique, aucun
magistrat assis n'a été frappé. Quelques-uns menacés,
exposés aux plus grands périls, ont été dérobés à de
terribles vengeances par les congés que je leur ai donnés,
et l'un d'eux, qui ne doutait pas de ma bienveillante
amitié, suspendu de ses fonctions et muni de congés
réguliers, a repris son poste quand j'ai pensé qu'il pouvait reparaître sans danger.

Mais en quoi l'inamovibilité est-elle violée par un
décret dictatorial que la morale publique réclame, qui
rend la pureté et la majesté à la magistrature française? La peine va frapper les *hommes de 1852* qui, en
méconnaissant leurs devoirs, *se sont honteusement dé-
pouillés de leur caractère de magistrat,* que la protection
impériale *ne pouvait leur rendre, quand ils l'avaient si
honteusement perdu :* magistrature et honneur sont
deux mots synonymes. Sur tous les points de la France,
aux Alpes comme aux Pyrénées, un cri d'indignation
les poursuit, le décret réparateur répond à un légi-

time besoin. Ces hommes, exclus des rangs de la magistrature française, seront un exemple dont le souvenir ne s'effacera pas dans notre généreuse nation. Leur apostasie n'a point de précédent dans notre histoire ; ils seront sans imitateurs. S'ils étaient restés en fonction, revêtus de cette toge qui doit être sans tache et entourés de la faveur impériale, on aurait peut-être vu se remplir encore de quarante mille noms de nouvelles tables de proscription. Le châtiment, infligé après dix-huit années, élève la pureté de la magistrature au rang d'une vertu divine : donnée par le ciel à la terre, la justice doit conserver le majestueux reflet de son origine.

Oui, disons-le bien, l'inamovibilité garantie du magistrat et du justiciable sera un *principe sacré* le jour où nommé, soit par l'élection, soit par le pouvoir exécutif. le magistrat n'aura plus aucun contact avec le gouvernement ; où désormais étrangère aux débats politiques. la justice aura le front levé vers le ciel d'où elle est descendue. puisant à cette source divine la droiture inflexible et la majesté sereine, qui sont ses deux attributs.

Enchaîné par les soins les plus absorbants. livré aux plus graves complications, le Gouvernement de la défense nationale n'a rempli qu'une partie de son devoir ; le temps manquait à sa volonté. Il lègue à l'Assemblée la seconde partie de son œuvre. Qu'une Commission nommée par elle soit chargée de recueillir les documents que le ministre de la justice avait demandés pour connaître les misères. les ruines des familles décimées par les Commissions mixtes, les veuves, les orphelins de ceux qui, victimes de décisions impies, ont péri, sur la terre d'exil, à la suite des transportations. Que la France régénérée, agissant par les représentants qu'elle a choisis, répare ces maux inouïs. La flétrissure des commissaires sera la leçon de l'histoire ; la réparation des malheurs immérités sera la gloire de l'Assemblée.

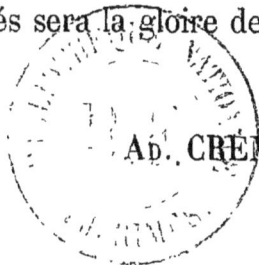

Ad. CRÉMIEUX.

Bordeaux.—Imp. G. Gounouilhou, rue Guiraude, 11.

www.ingramcontent.com/pod-product-compliance
Lightning Source LLC
Chambersburg PA
CBHW060505200326
41520CB00017B/4916